Detlev H. G. König

denk-zeichen

lyrik

Fotos Seite 28, 49, 69, 107 © Detlev H. G. König
Foto Seite 89 © Michael Fritzsche
Bilder Seite 133, 140, 161 © Ise König

Herstellung und Verlag:
Books on Demand GmbH, Norderstedt
Lektorat, Satz und Layout: Michael Fritzsche
Umschlagentwurf: Michael Fritzsche unter
Verwendung eines Motivs von Detlev H. G. König
Foto Umschlag-Rückseite© Sabine Tengeler
© Detlev H. G. König
ISBN 978-3-837067-63-7

Detlev H. G. König
denk-zeichen
lyrik

**Herstellung und Verlag: Books on Demand GmbH,
Norderstedt**

Biografie

aufgewachsen
in der
provinz

gewachsen
in brokdorf

erwachsen
geworden
in gorleben

Biometrie

sie haben
meinen namen
adresse +
fingerabdruck
konto+kreditkarte
telefon-nummer
internet-adresse
rotwein-+zigarettenmarke

nur mich haben
sie noch nicht!

Bettler-lied
(für holger hanisch)

ja wovon lebt
der mensch
wie immer ihr
es dreht

erst kommt
der mensch
und dann
kommt die wahl

(nach b.brecht)

Verhältnisse

der mensch
wäre gerne gut
und gerne recht

doch die
verhältnisse

die wirklichen
verhältnisse

die sind
nicht so

Ackermann

und der haifisch
der hat zähne

und die trägt er
im gesicht

und die andern
stehn im dunkel

doch die einen
stehn im licht

(nach bert brecht)

Früher

früher war
nicht alles
besser

aber heute
ist auch nicht
alles gut

Sommer in teufelsbrück

der fluss
schwitzt teer
und öl aus

die sonne
schmilzt rot
vor hitze

bevor sie
erschöpft ins
wasser geht

Hafencity

schöner, neuer
teurer wohnen

mit blick auf
grün & wasser

am ende der wiese
sogar eine sandkiste

nur kinder die
sieht man nicht

Die steigerung ist der ananas ihr tod

anna
nass

anna
nässer

anna
ersoffen

Trinkspruch

ein russischer
trinkspruch
besagt:

möge dein
herz leicht und
dein geldbeutel
schwer sein

bei mir
ist es gerade
umgekehrt

Für peter rühmkorff
(† 9.6.2008)

wer lyrik schreibt
muß verrückt sein

wer an sie
glaubt

kann es
werden

Turtles

meeres schildkröten
haben die dinosaurier
überlebt

ob sie das auch
bei den menschen
schaffen ?

denk-zeichen

Das meer kommt

wenn die menschen
nicht endlich begreifen

dass sie nur zu gast
sind auf der erde

werden sie eben
weg geschwemmt

Klima-zerstörung

wenn du meinst
damit hast du
nichts zu tun

dann wirst du
bald merken
dass du damit

mehr zu tun hast
als dir lieb ist

Leben im universum

wenn da draußen
im universum

intelligente wesen
existieren sollten

warum schweigen
sie dann ?

weil sie uns zur
genüge kennen !

Leben im universum II

warum
suchen wir
intelligentes
leben im
universum ?

weil es auf
der erde kein
intelligentes
leben gibt !

Beziehung

in jeder beziehung
gibt es mindestens
einen guten tag:

man muss nur
wissen, ob
es der erste

oder der
letzte war!

Alle zeit der welt

wenn dir
eine frau sagt
bitte lass
mir zeit

dann hast du
als mann
in der regel
keine zeit mehr

oder alle zeit
der welt

Blitzmerker

früher dachte ich
frauen seien
blitzmerker

heute habe
ich mich
in dich
verliebt

du hast es
nicht mal
gemerkt

Gleichberechtigung

wenn jetzt auch
männer ihre zehen
lackieren und
die beine
rasieren

dann haben wir doch
gleichberechtigung
oder mädels ?

Ohne worte

ich möchte dich
näher kennen lernen
sagte ich zu ihr

was heisst das
fragte sie

näher als nah
sagte ich

darauf stand sie
auf und ging
ohne worte

denk-zeichen

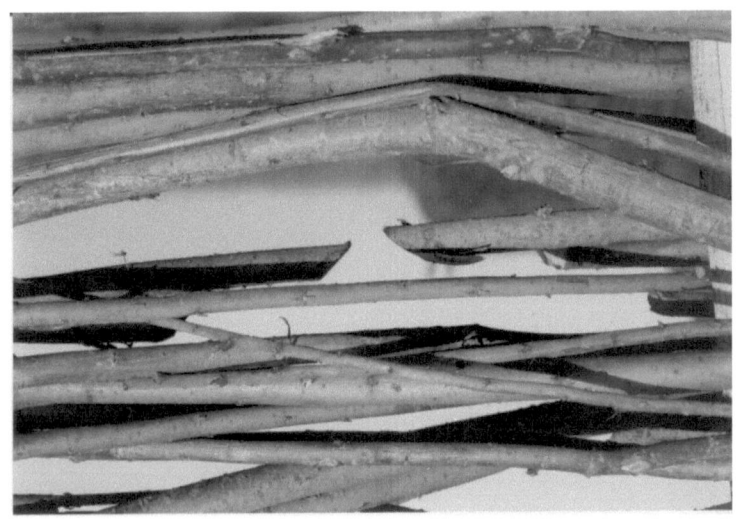

Mutterliebe

die meisten
mütter wissen

nicht was gut
für ihr kind ist

weil sie immer
nur das beste
wollen

Kinderkanal

die folgende
sendung ist

für zuschauer
über 18 jahren

nicht geeignet

Kinderzimmer

alle kinderzimmer
sehen gleich aus

den architekten
fällt dazu nichts
neues ein

wie wär es
mal mit einer
automatischen
aufräum-maschine

Patriotismus

ich liebe
frauen
und nicht
ein land

darum hasse
ich hymnen
und schwenke
keine fahnen

Lesung

ich war bei
einer lesung

ergebnis:

das publikum
klatschte

auf niedrigem
niveau

Tagesschau

wir sehen
uns wieder
wenn wir uns
wieder sehen

wenn es
dann noch
heute gibt

TV-programm

„kein himmel
über afrika"

lässt mich
kalt

„unter der
sonne afrikas"

schlafe ich
endlich ein

Generationen-konflikt

(für meinen Sohn Kai)

viele der älteren
verstehen die jüngeren
nicht mehr

das verstehe
ich nicht:

ist es nicht besser
fun zu haben?

als bomben
zu werfen !

Ausbeuter

ich beute meine
depressionen aus

davon nehmen
sie nicht ab

und mir geht
es auch nicht
besser

Traum der globalisierer

den kulis
löhne
wie in china

und den
managern
gehälter wie
in den USA

Gesichtsverlust

200 millionen
chinesen leben
von einem euro
am tag

und wollen jetzt
auch alle einen
mercedes fahren

Nichts ist unmöglich

nichts ist
unmöglich

wir sponsern
alles

sogar die
doping-spiele

in bejing
toyota

IOC

die olympischen
internet-betreiber
lassen alle freenet
seiten sperren

und melden die
nutzer der chinesischen
geheim-polizei

IOC und veranstalter
jubeln: yahoo

Subventionen

wir sorgen mit
unseren steuern
dafür

dass in afrika
tausende bauern
verhungen

Kapital-logik

1 trilogie

1.wer hat der hat
dem muß nichts
gegeben werden

wer nichts hat
dem kann auch nichts
gegeben werden

2.wer kann der kann
und wer macht hat

der macht auch
etwas damit

3.wer will der will
und muss mit seinem
willen etwas machen

damit diese logik
endlich aufhört

Formel

kraft
mal
verbrauch

plus
geschwindigkeit

ist
gleich
CO_2-ausstoß

Auto-quartett

das klima ist
jetzt schon kaputt

aber wir kleben
nur ein pflaster drauf

und spielen
immer weiter

auto-quartett

Aussperrung

beim G-8-gipfel
im juni 2007
in heiligendamm

wurde der
rechtsstaat
aus gesperrt

Atomare Teilhabe

wir müssen die
atomwaffen
in unserem land
behalten

damit wir etwas
teil haben

um sie irgendwann
ganz abzuschaffen

es sind ja nur
noch 10.000
sprengköpfe

Logistik

panzerstau
in kabul

1000 deutsche
soldaten

mehr nach
afghanistan

die DHL
fliegt die
särge zurück

denk-zeichen

Europa der vaterländer

ein europa der
vaterländer

nützt weder
den vätern

noch den
söhnen

nur denen
die kriege
treiben

Konstitutionelle ordnung

in georgien
brennen häuser
die armee schießt
auf das eigene volk

die kanzlerin mahnt
zur zurückhaltung

die nachrichten
zeigen olympia

3-groschen-regierung

es geht
auch anders

doch es geht
auch so

mit der
regierung

die unsere
agenda war

Paragraph 129 a

(kein lied!)

dreh dich nicht um
denn der staatschutz
geht um

wer sich umdreht
oder lacht hat sich
verdächtig gemacht

Petition

die vorsitzende
des petitions-auschuss
des deutschen bundestags

„will auf ihrem weg
weiter fort schreiten"

am besten
ganz weit
weg!

Lebens-mittel
(für foodwatch)

zu risiken &
neben
wirkungen

fragen sie
ihre verkäuferin

oder ihren
filial-leiter

Kinderschokolade

(für hinz+kunzt)

warum ist
schokolade

bei uns
so billig ?

weil in
afrika kinder

für 12 cent
am tag (!)

arbeiten müssen

Klassen-standpunkt

bildungs-ferne
schichten

nannte man
früher

arbeiter
klasse

Ich glaube nicht

ich glaube nicht
an den kapitalismus
weil ich weiß

er kann die
probleme der welt
nicht lösen:

hunger & armut
kriege & gewalt
umwelt-katastrophen

Fliegende fische

es gibt fische
die fliegen

und vögel
die schwimmen

manche können
sogar tauchen

nur wo sollen sie
ihr gemeinsames

nest
bauen ?

An machen tagen

möchte ich eine
robbe sein
jeden tag fische
satt

und wenn ich
die welt nicht
mehr ertrage

einfach
abtauchen

Kraken

haben nur ein
mal im leben
sex

danach
sterben sie

arme
waisenkinder

Eau de vie

(fliegende fische III)

wasser heisst leben
nicht nur für fische

die müssen jetzt
fliegen lernen

sonst dürfen sie
bald eintritt zahlen

beim schwimmen
im meer

Tote fische

nur
tote
fische
schwimmen

immer
mit
dem
strom

(chines. weisheit)

Grammatik

(oder: possessivpronomen)

mein
auto

mein
haus

meine
yacht

meine
frau

dein
portemonnaie

Gesichtspunkte

sommer
sprossen

sind auch
gesichtspunkte

gehen weg von
weniger sonne

als wäre
nichts gewesen

Beruhigung

(Teufelsbrück IV)

der fluss
an dem
ich fast
täglich sitze

fliesst
genau
so täglich
ins meer

und kommt
doch genau
so täglich
zurück

Pfeffersäcke

wenn sich die
oberen zehn
tausend

die ehre geben
endet das im
bordell oder

auf den bänken
des senats

Kunsterklärung

musik
erklären

ist wie
ein bild
erzählen

was wollte
der dichter
damit sagen?

fliegende fische

Hoffnung

du
kannst
dich
nicht
verstecken

die
liebe
findet
dich
doch

manch
mal

Musikgeschmack

gute
musik
ist

wie
guter
wein

hör nur
was dir
schmeckt

Rockmusik

(für h.r.kunze)

ich glaube
nach wie vor
an rockmusik

mir ist noch
nichts besseres
eingefallen

Liebeserklärung
(für regy clasen)

komm her
bleib nicht stehn

du hast
freie fahrt

auf allen
meinen straßen

Lebens-irrtum

ich dachte
ich strebte
zum licht

aber es war
nur die angst
vor dem dunkel

Blosskeinreim

(oder:ehestreit)

morgengruß
hochgenuß
nocheinkuß
feigenuss

allsvorbei
sauerei
machmirnei
keilerei

nichmitmir
blödestier
wegmitdir
wasistdashier?

Am trapez

liebe ist
eine trapez
nummer

du weißt
nicht
ob er dich
hält

oder sie
dich
los
lässt

Leidenschaft

du
bringst
mich
noch
um

den
verstand

Gebet

mag meine seele
wenn ich denn eine habe

in den himmel steigen
wenn es ihn denn gibt

bevor der teufel erfährt
wenn es ihn denn gibt

daß ich tot bin

Über die liebe

über die liebe
ist schon alles
geschrieben

nur nicht
dass sie
vielleicht

der grund
allen schreibens
ist

Gipfel

wo der
geist des herren
ist da ist
freiheit

dann ist
der gipfel in
heiligendamm

gottlos

Gipfel II

die kanzlerin
hat einen
neuen beruf:

sie ist jetzt
avon-beraterin

sie will der
globalisierung
ein „menschliches
antlitz" geben

Heuschrecken

wenn hedge-fonds
sich freiwillig
selbst kontrollieren

ist das wie
wenn in afrika
die heuschrecken

nur leere felder
auf suchen

Aufregung

die finanzminister
der reichsten staaten
der welt
„regen an"

die aggressiven
hedge fonds
„intensiver
zu beobachten"

das regt
mich auf!

Kosmos

die menschheit sucht
nach intelligentem
leben im kosmos

doch die frage
bleibt ungeklärt:
gibt es intelligentes
leben auf der erde ?

Klima-verbesserung

wenn ich könnte
wie ich wollte
würde ich die

selbst ernannten
herren der welt
in die luft jagen

das wäre gut
für das klima
und besser für
die kinder in afrika

leider kann ich nicht
wie ich will!

Fünf sekunden

alle fünf sekunden
stirbt ein kind
in afrika

jetzt schon
wieder eins

fünf sekunden
dauerte es
diesen text zu lesen

Herausforderung

„environment is
an industrial
challenge"

industrie ist
eine zumutung
für die umwelt

Klima-schutz

wenn atomkraft
die letzte hoffnung
für unser klima ist

dann möchte ich
nicht wissen
wie die verzweiflung
aussieht

fliegende fische

Klimawandel

konstruktiver
lösungsvorschlag:

ostern im
dezember

&

weihnachten
im frühjahr

feiern

Klimawandel II
(da capo al fine)

there is
no business

like snow
business

when there is
no business

at all

Ermunterung

lasst
unserer
fantasie

flügel
wachsen

damit
uns nicht
allen

die luft
aus geht!

Existenzfrage

zu früh
gehen

oder

zu lang
bleiben

für viele
immer noch

existenzfrage

Sonnenwendfeier

jetzt brennen schon
wieder bücher
in deutschland

ausgerechnet
die von anne frank
ausgerechnet zur
sonnenwende

hatten wir
das alles
nicht schon
einmal ?

(okt 07: die 5 täter sind zu
9 monaten mit bewährung
verurteilt worden)

Fremdenfeindlichkeit
(nach f.engels)

fremden
feindlich
keit

ist ein
zeichen
der

rück
ständig
keit

einer
kultur

Ein freund, ein guter freund

ein freund,
ein guter freund
der nazis

bis die ganze welt
zusammenfällt

das war
h.rühmann

Tausendjähriges reich

zwölf jahre 3.reich
den unrat in

den köpfen
beseitigen

dauert mindestens
tausend jahre

Nibelungentreue

unverbrüchliche treue
zum ns-regime haben
damals viele geschworen

unverbrüchlich
unzerbrechlich
verbrecherisch

verbrechen
bis heute

Stauffenberg

wie die meisten
helden ist auch
er gescheitert

vielleicht macht
ihn gerade das

erst zum
helden

Kriegs-logik

erst spähen
deutsche tornados
sog. operative
ziele aus

die dann von
us-bombern
zerstört werden

um dann von
deutschen soldaten
wieder aufgebaut
zu werden

Nullsummenspiel

der krieg
ist ein spiel

das niemand
gewinnen kann

nur hat das
noch keiner

begriffen

Völkermord

das oberste
israelische gericht
hat entschieden:

die „gezielte tötung"
von palästinensern
sei mit dem

völkerrecht
vereinbar

Atom-lobby

immer mehr
der selben
argumente

sind immer
mehr davon

und nichts
wirklich
neues

Studiengebühren

jetzt bin ich auch
für studiengebühren

damit die studenten
ihr BaföG nicht

mehr beim shoppen
in dubai ausgeben

müssen

Petrol-kratie

je autoritärer
ein land

desto profitabler
die ölförderung

je profitabler
die ölförderung

desto autoritärer
das land

Feinheiten

man muß die
rohheiten

dieser welt
hassen

damit man
ihre feinheiten

genießen darf

fliegende fische

In einem land wie diesem

(nach b.brecht)

in einem land
wie diesem
unter hartz IV

müsste wenigsten
der schnaps
umsonst sein

Hartz IV für tiere

350.- euro kostet den
hamburger staat
ein platz im tierheim

ein arbeitsloser mensch
kostet die stadt nur
345.- euro im monat

Keine neuen erkenntnisse

dass murat kurnaz
schon 2002 aus

guantanamo
freigelassen

werden konnte
ist länger bekannt

ebenso wenig neu ist
dass daraus keiner

der politisch
verantwortlichen

konsequenzen zieht

Steuerreform

wir
müssen
sparen

was
das
geld

her
gibt

Teuerungsrate

früher
drehten manche
den gashahn auf
wenn sie nicht
weiter wussten

heute ist es
umgekehrt

manche drehen
den gashahn zu
wenn andere nicht
das zahlen
was sie sollen

Aufschwung

100.000 neue
jobs verspricht
die regierung

wie wäre es mit:
korkenzieher
flaschenöffner

scheibenwischer
schraubenzieher

oder
handtuchhalter

Aufschwung II

es wird wieder
eingestellt in
deutschland:

der ackermann-prozeß
der esser-prozeß

der hoyzer-prozeß
nur beinahe

Gesundheitsreform II

wir machen das
wegen der
menschen

& nicht
für sie

& schon gar nicht
mit ihnen

Gesundheitsreform III

zu risiken &
finanziellen
nebenwirkungen

fragen sie
ihren arzt
oder apotheker

Werbung

wir lassen
alles über-
flüssige weg

sagt die
werbung
ich sage

ihr zeigt
nur das
überflüssige

Albtraum

nichts ist mehr
wie vorher

ich schlafe mit
offenen augen

und träume
alb

Angst

ich habe
das ultimative
rezept gegen
angst gefunden

einfach
den kopf
verlieren

Weichei

ich habe
meinen sohn

gewickelt
gebadet
gefüttert

& in den schlaf
gesungen

ich weiß
ich bin ein
weichei

doch sehr
gerne

t-com

jetzt für
2 minuten

pro auskunft
ins fett-
näpfchen

telefonieren

Mutterseelenallein

allein
ohne
mutter
oder

allein
ohne
seele
oder

ohne
mutterseele

allein

Wie im richtigen leben

manchmal
unterwegs

ist alles
seiten
verkehrt

ich bin
fremd
in der
heimat

und in
der fremde
daheim

Im prinzip

es geht immer
ums prinzip

dabei ist das längst
ausgebrannt

so oft wie
es schon bemüht wurde

Atomkraft

vorwärts
in die
vergangenheit

oder

zurück
in die
zukunft

Manager

für manche manager
ist selbst die kugel

zuviel der
liebesmüh

ob siemens
oder airbus

um dafür lebens-
lang in den knast
zu gehen

Schöpfung

was können wir tun
um die schöpfung zu
erhalten?
(bundeskanzlerin 22.8.2006)

meine antwort:
AKWs endgültig
abschalten!

Federstrich

geld interessiert
mich nicht
sagte der banker

und entließ mal
eben mit einem
federstrich

zehntausend
beschäftigte

Babylon

die babylonier
ägypter & mayas
bauten ihre türme
für die götter

wir bauen unsere
hochhäuser in
frankfurt & shanghai
für´s geld

Ernährung

75% der weltbevölkerung
fragen sich
woher ihr brot
für heute nehmen

25% der weltbevölkerung
fragen sich wie
ihre kinder wieder
dünner werden

Brot für die welt

wir geben
den armen
der welt
brot & wasser

für uns selber
behalten wir
käse & wein

Tischgebet

(papa ante portas)

danke dir für
die gaben heute

danke für den
hunger & die armut
in der welt

danke dir für
die kriege & das
sterben in der welt

verdichtungen

Lieber brecht

(für bert brecht)

wenn haifische
menschen wären

scheint mir die
falsche frage

die menschen
sind haifische

sie fressen
einander auf

Freiheit oder gerechtigkeit

freiheit vom geld:
hartz IV & ALG II

freiheit zu geld:
DAX & share-holder

minus value &

wo bleibt die
gerechtigkeit?

Menschenwürde

menschenwürde &
einzigartigkeit

seien unersetzbar
sagte in ihrer

regierungserklärung
am 22.8. die kanzlerin

bleibt nur eine frage:
was ist mit hartz IV ?

Suppenküche

jeder kann
porsche fahren

oder sich ein
haus auf mallorca kaufen

aber was bringt das
wenn man schon alles hat?

der rest (hartz IV) geht
ab. 20. des monats zur
suppenküche statt auf die straße

damit die anderen ihren porsche
oder ihr haus auf mallorca
behalten können

Weltmeister

wir sind papst
wir sind kanzerlin
wir sind weltmeister
im stellen-abbau:

hewlett-packard
AEG/electrolux
continental
hansgrohe

wer kriegt die
goldmedaille ?
der DAX, er steigt

Bademeister

die
meisten
bademeister

sind
nicht
sehr nett

aber
das ist
eben so

ihr beruf

(luca, 9 jahre)

verdichtungen

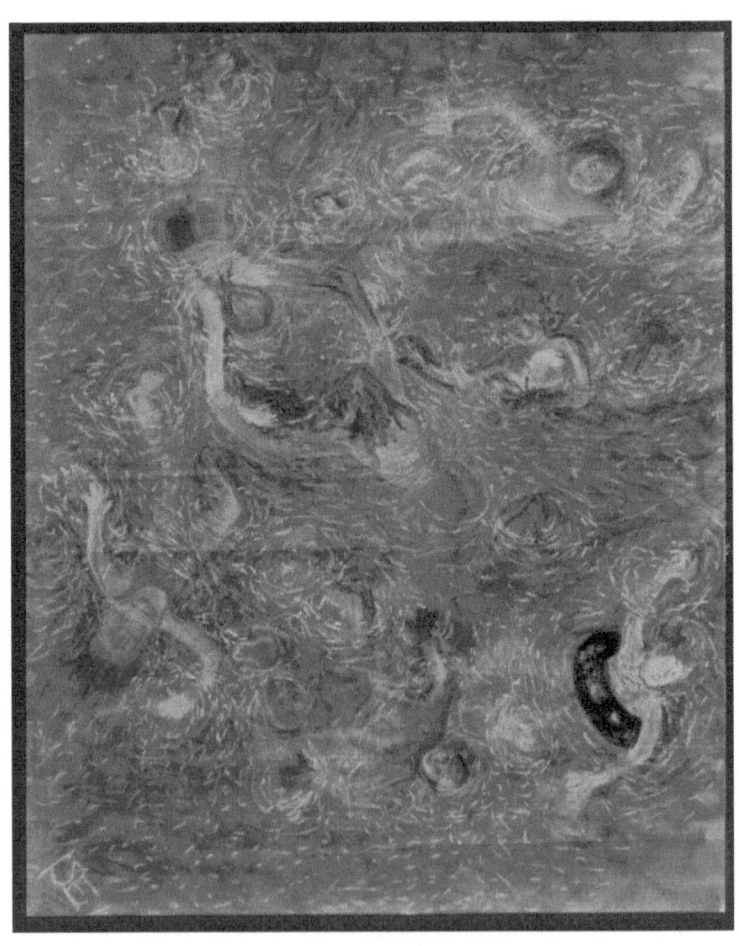

Sanduhr

oben laufen
die bürgerrechte
aus

unten kommen
kontoabfragen
videoüberwachung
antiterrordatei
heraus

Generalverdacht

bin ich wirklich
sicherer

wenn ich video-
überwacht werde

oder stehe ich
in verdacht

weil ich mich
hier aufhalte ?

Gesundheitsreform

wir
patienten

müssen
zahlen

bis der
arzt kommt

Sterben

das
sterben

ist
wirklich

das
aller
letzte

Freund & helfer

die polizei
dein ganz
persönlicher
schädlings
bekämpfer

entweder
mit reizgas
oder
wasserwerfer

oder auch
knüppel
auf den kopf

wenn es denn
der wahrheit dient

Im keller

früher
im keller
musste ich
immer laut pfeifen

doch das
nützt nichts
die alten
geschichten

holen dich ein

Ungezogen

ich weiß
ich bin ungezogen
meine arbeit
ist das schreiben

ich bin so
ungezogen
ich schreibe meist
die wahrheit

ich streike nicht
trotz gewerkschaft
auch wenn die nicht
oft die wahrheit sagen

Überleben

leben
um
zu
schreiben

oder
schreiben
um
zu

überleben

Alle meine sinne

ich bin hier
ich bin am leben:

ich sehe die schiffe
die kommen & gehen

höre ihr tuten & blasen
und das möwengeschrei

rieche die salzluft vom meer
gemischt mit pommesduft

das lotsenboot macht den steg naß
und lässt ihn walzer-schunkeln

der wein schmeckt nach meer
und lässt mich in die ferne schweifen

ich bin hier
ich bin am leben

Partnervermittlung

auf jeden topf
passt 1 deckel
sagen volksmund
und partnervermittlung

wenn der topf überkocht
oder der dampf entweicht
wer ist dann schuld
topf oder deckel?

Bremen

roland der riese
am rathaus
in bremen

mit spitzen knien
stolpert er übern
spitzen stein

die stadtmusikanten
sehen gelangweilt
von oben herab
zu

Rotkäppchen

rotkäppchen ging
mit hänsel & gretel
in den wald

um die großmutter
aus dem ofen zu holen
oder wars der wolf ?

frau holle holte
mit max & moritz zwei
halbe hähne vom imbiss

die 7 zwerge machten
der königin ein kind &
rumpelstilzchen merkte nix

& wenn sie nicht gestorben sind
lachen sie sich heute noch tot !

(dez. 05)

Bärentöter

bruno, der bär
ist totgeschossen

so sind sie, die jäger
schießen auf alles

was nicht bei drei
auf den bäumen ist

dabei teilt er nur das
schicksal aller anderen

nahrungs-konkurrenten
der gattung mensch:

delfine, robben, wölfe
u.a. ausgerotteten arten

Lachnummer

bist du comedian
oder kabarettist ?

darüber entscheidet
das publikum

aber mancher
fragt sich:

wo bleibt
das politische?

Die welt zu gast bei freunden

rechtzeitig zur fußball
weltmeisterschaft 2006

stellt sponsor HYUNDAI
ein neues 1800t U-boot vor

wozu brauchen freunde
ein kriegs-schiff

und 1 weltmeisterschaft
solcher sponsoren ?

Die welt zu gast bei freunden II

ein spiel dauert 90 minuten
der ball ist rund und

das runde muß in das eckige
stürmer müssen stürmen

nazis dürfen marschieren und
ihre menschfreindlichen parolen

grölen wenn die welt
zu gast bei freunden ist

Die welt zu gast bei freunden III

wenn mc donald´s sich eine wm kauft
macht fujifilm die fotos

t-com meldet eine störung
coca cola macht wie immer süchtig

mastercard macht dich pleite
hyundai baut kriegs-schiffe

und toshiba schreit „yahoo"

FC deutschland V

weltmeisterschaft
als
krisenfall

& die
bundeswehr
zu gast
bei freunden

Wissen ist macht

dumm
macht
arm
&
arm
hält
dumm

dumm
macht
gewalt
&
arm
macht
krank

Liebe ist etwas

(für regy clasen)

liebe ist etwas
das ich nie kapiert

ich erwarte immer
sie zu verlieren

wenn ich sie mal finde
entweicht sie mir

so wie ein
unangemeldeter gast

verdichtungen

Himmel & hölle

wir versprachen uns
den himmel auf erden

und es wurde die
hölle daraus

wir haben uns
versprochen
& inzwischen
vergeben

gottseidank kein
leben in der hölle
& keins bis der
tod uns scheidet

verdichtungen

grab-inschrift

(für hans-dieter hüsch)

„er war zu leise"
sagen die einen

„er war zu laut"
sagen die anderen

„lasst mich in ruhe"
sagte er selbst

letzteres wünsche
ich mir selber
als grab-inschrift

Poesie
(für h.heine)

ich bin ein
ungelegenheits-
dichter

schreibe nur
ungelegene
gedichte

und sterbe
am ende
arm

wie alle
armen
poeten

Was ist krieg?

was ist
krieg
militärischer
„unfall"

oder der
politische
unwille
zum
frieden ?

Robustes mandat

wann werden die
menschen endlich
erwachsen ?

soldaten bringen
keinen frieden

nicht im libanon &
auch sonst nirgendwo!

With love for libanon

der neueste kindersport in israel
raketen wie oben zu beschriften

kein wunder , wenn in beiden
ländern häuser zu gerippen werden

wenn die welt sich gewöhnt hat
an weinende israelis & trauernde libanesen

wenn die flüchtlingstrecks nicht vorwärts
kommen auf zerbombten straßen

wenn ärzte & hilfskräfte
nicht helfen dürfen & können

& wo bleiben wir ?

Soldaten
(nach bert brecht)

soldaten wohnen
auf den kanonen

am kap &
anderswo

soldaten fallen
nicht, sie sterben

am kap &
anderswo

Sommerregen

israel hat mal wieder
den gaza-streifen besetzt

„um einen gefangenen
soldaten zu befreien"

und belegt darum
das ganze gebiet

mit einem regen aus
bomben, granaten
& raketen

Soldaten, die nie schlafen

landminen sind soldaten die nie
schlafen auch jahre später nicht

„springminen" springen 1 meter
hoch & explodieren erst da

„schmetterlingsminen" flattern
zu boden wie ahornsamen
kinder halten sie für spielzeug

manche minen kosten nur 1 euro
die räumung dafür 1000 euro

70% der opfer sind zivilisten
davon 10% kinder unter 14 jahren

Dafur/Sudan

sie nennen es
bürgerkrieg

mit bisher
300.000 toten

dabei könnte
der sudan gut
im irak liegen

es geht wie immer
nur ums öl

Morgenrot
(nach Eleftheria Arbanitaki)

ich habe mich oft gefragt
wo du geblieben bist
bevor es morgen wurde
warum hast du nichts gesagt

warte bis zum morgenrot
bevor du von mir gehst
warte bis der morgen kommt
sonst gefriert der tag zu eis

jetzt liege ich hier allein
wo magst du geblieben sein?
und ich frag den mond
warum bist du nicht hier?

warte bis der morgen kommt
wenn du schon von mir gehst
warte auf das morgenrot
die nacht ist nicht vorbei

Halt mich fest(song)

Unsere geschichte fing spät an
wir waren beide verbrannt
wir haben uns dann doch geliebt
und uns dabei verrannt

Halt mich fest
lass mich nicht mehr los(wdh)

die geschichte ging weiter
was auch immer mit uns geschehn
warum kann es nicht einfach so sein
wir halten uns fest und lassen uns sehn

Halt mich fest
lass mich nicht mehr los

Vaterland

ich
brauche
kein
vater-
land

mir
reicht
die
mutter
erde

Ferien

in die sonne blinzeln
bis sie vor verlegenheit
rot wird

steine ins meer werfen
bis es vor freude
überschäumt

mit meinen füßen
den strand vermessen
und sandkörner zählen

die kutter im hafen erzählen
mir ihren traum: einen fisch
zu fanger, der so groß ist
dass alle menschen satt werden

Gezeiten

das meer hat hausputz gehalten
die flut hat den strand rein gefegt
das wasser liegt ruhig und klar
nur wellen schwappen leise

so stell ich mir die tage vor
wenn wir aufgehört haben
eurem frieden zu trauen &
uns unseren frieden machen

der knall des überschall
jägers erinnert mich daran
die ruhe war trügerisch
wie euer frieden auch

Leer-jahre

lehr
jahre
sind
keine
herren
jahre

lehr
jahre
sind
keine

lehr
jahre
sind

leere
jahre

leere

Manöver

das boot im hafen hat
reichlich beute gemacht
die schollen & dorsche am
boden zappeln um ihr leben

draußen vor der küste
der raketenzerstörer
die mündungen zielen auf uns
noch ist es nur ein manöver

wie lange werden wir
um unser leben zappeln
wenn er sein ziel
gefunden hat ?

Komm mit(song)

wenn frieden heißt,dass keiner mehr
vor angst nicht schlafen kann
und sind genug häuser für alle da
wo man die miete auch zahlen kann

wenn dir das nicht egal ist
dann komm mit
wenn dir das nicht egal ist, komm mit
wir sind schon viele
doch wir brauchen noch mehr

wenn frieden heißt,dass keiner mehr
vor hunger nicht schlafen kann
und ist genug arbeit für alle da
wo man auch nachher noch spaß haben kann

wenn frieden heißt,dass keiner mehr
über türken witze macht
und kinder keinen krieg mehr spielen
weil sie nicht wissen,wie man das macht

der frieden ist wie 1 kleines kind
das viele freunde braucht
um groß zu werden & stark zu sein
komm mit,wir brauchen dich auch!